Nikolaus Ludwig, Graf und Herr von Zinzendorf und Pottendorf

Herr der Herrschaften Freydek,
Schönek, Thürnstein und des Thals Wachau,
auch Erb-, Lehn- und Gerichtsherr der Güter
Ober-, Mittel- und Nieder-Berthelsdorf
samt Herrnhut;
der Römisch-Kayserlichen Majestät
Obrist, Erb-, Land-Jägermeister
im Herzogthum Österreich unter der Ens,
Ihre Majestät, des Königs August II. in Polen
bey Dero Chur-Sächsischer Landesregierung
Hof- und Justiz-Rath.

genannt Bruder Ludwig

Von einem Reichsgrafen und einem runden Geburtstag

Es war im Jahre 1999. Mehrere Menschen an verschiedenen Orten befassten sich mit der Frage, wie denn der 300. Geburtstag des Reichsgrafen Nikolaus Ludwig von Zinzendorf, der als Gründer der Erneuerten Brüder-Unität gilt, würdig, aber auch dem Geiste des Jubilars entsprechend, begangen werden könne. Es kam der Gedanke, den Weg zwischen Großhennersdorf, dem Ort, wo Zinzendorf seine Kindheit verbrachte, und Herrnhut, dessen Gründung man ihm verdankt, in besonderer Weise zu gestalten. So sollte etwas entstehen, das für die Menschen unserer Zeit ein Stück weit erlebbar macht, welche Dinge für Zinzendorf in seiner Zeit wichtig waren, wie er die Welt sah und welche Bedeutung er der christlichen Gemeinschaft beimaß. Ein Wanderer, der diesen Pfad beschreiten würde, sollte etwas erfahren über die Biografie des Grafen, über die Geschichte der Brüdergemeine und dabei vielleicht auch über Glaubensfragen und seine eigene Beziehung zu Gott nachdenken. Die Idee eines Skulpturenpfades war geboren.
Aber von der Idee bis zu einem gestalteten Wanderweg, in der Form, wie ihn ein Besucher heute erleben kann, war es noch ein langes Stück mit reichlich Schwierigkeiten und etlichen Hürden. Wer die Initiatoren waren, welche Personen mitgearbeitet haben und wie die Zukunft des Skulpturenpfades aussehen soll, wird am Ende dieses Büchleins noch dargelegt. Nun aber, der Vorrede genug, wünschen wir dem Leser einen erbaulichen Spaziergang durch Landschaft und Geschichte von Herrnhut.

Matthias Clemens
Knut-Uwe Weise

Etwas Geschichte

Das 17. Jahrhundert ist zu Ende gegangen und Fortschritt und Entsetzen lagen in diesen Jahren nebeneinander wie selten vorher in der Menschheitsgeschichte.
Der beginnende Kapitalismus war nicht mehr aufzuhalten, das wirtschaftliche Schwergewicht verlagerte sich von der feudalen Landwirtschaft in die Städte; das Handwerk erblühte und Manufakturen entstanden. Mit ihnen wuchs das Kapitalgewerbe. 1609 entstand in Holland die erste mitteleuropäische Girobank (Amsterdamsche Wisselbank). 1619 gründete sich in Deutschland die »Hamburger Bank«. Die erste Feuerversicherung entstand und in Regensburg öffnete eines der ersten Kaffeehäuser Deutschlands (1).
1674 baute Gottfried Wilhelm Leibniz die erste mechanische Rechenmaschine.
In Holland wurde das zweilinsige Fernrohr geschaffen und Galilei, der diese fantastische Erfindung nachbaute, beobachtete damit den Lauf der Himmelskörper. Er entdeckte Jupitermonde und Saturnringe.
Das waren einige der Sonnenseiten des Jahrhunderts, aber es gab auch reichlich Schatten.
Am 23. Mai 1618 begann mit dem Zweiten Prager Fenstersturz der Dreißigjährige Krieg. Als dieser im Oktober 1648 mit dem Westfälischen Frieden endete, hatte sich die politische und religiöse Landschaft Europas gravierend verändert. Weite Landstriche waren menschenleer. In den süd- und mitteldeutschen Städten wurde jeder dritte Einwohner getötet, in den ländlichen Gegenden kamen bis zu vierzig Prozent der Menschen ums Leben. Am schlimmsten traf es die norddeutschen Länder. Fast achtzig Prozent der Bevölkerung wurden vernichtet. Einige der Überlebenden bestellten das verwüstete Land und bauten die Städte wieder auf, viele aber wanderten aus, manche aus Not, andere, weil der begonnene Frieden mit religiöser Verfolgung einherging (»cuius regio, eius religio« – die Konfession des Fürsten bestimmt die Religion im Land).

1689 gründete William Penn in der »Neuen Welt« die Kolonie Pennsylvania. Sie wird zu einem Zufluchtsort für Quäker, Mennoniten, Baptisten, Schwenckfelder und Böhmische Brüder.
Viele der Böhmischen Brüder, die den langen Weg in die Neue Welt scheuten, wanderten nach Norden, ins nahe Schlesien und in das protestantische Sachsen aus.
Dort, in der Hauptstadt Dresden, wird am 26. Mai 1700 Nikolaus Ludwig Graf von Zinzendorf geboren.

ICH BIN DER WEG

Auf dem Weg mit Gott

Verschiedene Lexika bezeichnen Zinzendorf als »den großen Christusliebenden« und der Ausspruch »Ich habe nur eine Passion, und das ist ER!« wird ihm zugeschrieben. Diese Liebe zu Christus erhält bereits in frühester Jugend ihre Prägung.
Zinzendorf wird in Dresden geboren und seine frühe Kindheit ist von vielen schmerzhaften Ereignissen überschattet. Sechs Wochen nach der Geburt stirbt der Vater. Die Mutter zieht mit dem Neugeborenen in ihr Elternhaus zurück. Nikolaus von Gersdorf, ihr Vater, ist am Dresdner Hof als Landvogt der höchste Verwaltungsbeamte für die Oberlausitz. Als zwei Jahre später auch der Landvogt stirbt, ziehen seine Witwe mit ihrer Tochter und dem kleinen Enkel nach Großhennersdorf, dem Familienstammsitz derer von Gersdorf.
1704 heiratete Zinzendorfs Mutter ein zweites Mal und verließ Großhennersdorf und damit auch ihren Sohn. Nun wurde die Großmutter, Henriette Katharina von Gersdorf, zur wichtigsten Bezugsperson des Kindes. Sie nennt ihn Lutz.
Im Großhennersdorfer Schloss, einem Wasserschloss in wundervoller Landschaft, ist das Leben im christlichen Glauben Bestandteil des Tagewerkes. Diese Praxis prägt den jungen Zinzendorf schon früh.
Will man Zinzendorfs Leben und Wirken darstellen, so ist das ohne eine Beschreibung seines Verhältnisses zu Jesus Christus und ohne Erklärung seines Verständnisses des christlichen Auftrages nicht möglich. Deshalb wurde für den Beginn des Skulpturenpfades eine schlichte Holzskulptur geschaffen, die in ihrer Form einem großformatigen Wegweiser ähnelt und in ihrer Aussage diesen Auftrag beschreibt. Der kann und soll in doppelter Hinsicht verstanden werden.
Da ist zum Ersten die lokale Information, dass hier ein Weg beginnt und der Betrachter aufgefordert wird, diesen zu gehen.

Die hierfür gewählte sprachliche Aktivform spricht dabei den jeweiligen Besucher direkt an.
Zum Zweiten ist der erste Teil des Textes der Anfang einer Christusaussage aus dem Evangelium nach Johannes:

> *»Ich bin der Weg und die Wahrheit und das Leben.*
> *Niemand kommt zum Vater denn durch mich.«*
> *Johannes 14, 6. (3)*

In diesem Kontext gelesen, erhält die Aussage, ganz in Zinzendorfschem Sinne, einen missionarischen Anklang:
Christus sagt dem Besucher: »Ich bin der Weg, …« und Zinzendorf ergänzt: »Geh!«

Der Senfkornorden

Ein Baum, eine Buchecker und ein Senfkorn

Das zweite Jahrzehnt des 18. Jahrhunderts ist zur Hälfte vorüber. Reichlich 60 Jahre nach dem verheerendsten aller bis dahin bekannten Kriege hat sich Europa weitestgehend stabilisiert und gesellschaftliche wie auch technische Entwicklungen eilen mit Riesenschritten voran. Die Welt ist entdeckt, mehrfach umsegelt und auf allen Kontinenten wird das Evangelium verkündet.
Derweil sitzt der junge Zinzendorf in Wittenberg und müht sich mit einem ungeliebten, aber weil standesgemäß, von Mutter und Großmutter verordnetem Studium der Jurisprudenz. Wie viel lieber wäre er Pfarrer, würde er Gottes Wort verkündigen und Heiden oder Juden missionieren. So wie Alexander der Große einst befürchtete, sein Vater Philipp würde ihm keine Länder mehr zum Erobern übriglassen, fürchtete Zinzendorf, dass, ehe er zum Zuge käme, alle Heiden bekehrt wären. Den Übriggebliebenen aber wollte er sich, wenn er denn dann endlich dürfe, mit aller Kraft zuwenden. Und so gründete er mit einigen Gleichgesinnten in Anlehnung an das Gleichnis vom Senfkorn den Senfkornorden.

> *Jesus aber sprach: »Wem ist das Reich Gottes gleich, und wem soll ich's vergleichen? Es ist einem Senfkorn gleich, welches ein Mensch nahm und warf's in seinen Garten; und es wuchs und ward ein großer Baum, und die Vögel des Himmels wohnten unter seinen Zweigen.«* *Lukas 13, 18. (3)*

Im Wald von Herrnhut steht eine Buche. Ein Baum von wahrlich majestätischen Ausmaßen.
Dem Alter nach haben die Buche und Zinzendorf sich noch gekannt. Ihr Haupt, eine gigantische Krone von über zwanzig

Metern Durchmesser, ragt in den Himmel und zu ihren Füßen ist das Gestrüpp ehrfurchtsvoll zurückgewichen. Den Stamm können vier Männer nicht umspannen. Ihr Gewicht wird auf über vierzig Tonnen geschätzt.
Und alles was da steht und alles was da gewachsen ist in Hunderten von Jahren, war einst ein winziger Samen, eine Buchecker von vielleicht drei Gramm Gewicht!
Im Wald von Herrnhut findet man das Gleichnis vom Senfkorn. Die Skulptur besteht aus zwei Platten Lausitzer Granit, die aufrecht stehend und nach oben auseinanderstrebend ca. 20 Meter vor dem Baum in den Waldboden eingelassen sind. Zwischen den Steinen wurde eine Glasscheibe angebracht, in die das Gleichnis vom Senfkorn eingraviert wurde. Innerhalb des Textes ist eine Buchecker in die Scheibe eingelassen.
Für den Betrachter entsteht so der Eindruck, dass aus dem Samen der riesige Baum gewachsen ist und in dem Wachsen den Granit auseinandergetrieben hat.

Das Prinzip der kleinen Anfänge prägte und prägt noch heute die Missionsaktivitäten der Brüdergemeine. Es kommt auf den einzelnen Menschen an. Jeder darf, kann und soll wie ein Senfkorn im Glauben wachsen und dann auch nach außen wirken. Ein Glaubenssenfkorn liegt in jedem Menschen verborgen. Ob daraus ein Bäumchen oder gar ein großer Baum wird, hängt davon ab, ob man es keimen und wachsen lässt und nährt oder ob man es erstickt.

Insignien des Senfkornordens: ***Ordenskreuz und fünf Ringe,*** *Sammlung des Unitätsarchives*

REICH GOTTES

Unter der Obhut des Herrn

Noch ein Baum, ein Nest und Gottes Segen

Es waren mährische Glaubensflüchtlinge, die ihr Weg im Frühsommer 1722 nach Berthelsdorf führte. Die Spätfolgen des Dreißigjährigen Krieges brachten für Böhmen, Mähren und die Slowakei die Gegenreformation. Viele Menschen protestantischer Konfession (Calvinisten, Lutheraner, Waldenser und vor allem Böhmische Brüder) wurden vor die Wahl gestellt, entweder den römisch-katholischen Glauben anzunehmen oder das Land zu verlassen. Viele entschieden sich für die Auswanderung und gingen über die Grenzen nach Schlesien, Polen oder Sachsen. Andere verließen Europa ganz und siedelten nach Übersee.
Da Zinzendorf seiner staatlichen Verpflichtung wegen vorwiegend in Dresden weilte, war es sein Gutsverwalter Heitz, der sich um die ankommenden Flüchtlinge kümmern musste. Weil er aber Schwierigkeiten mit der ansässigen Bevölkerung fürchtete, suchte er nach einem geeigneten Ort außerhalb von Berthelsdorf. Er fand ihn in der Nähe der Handelsstraße, die von Löbau nach Zittau führte. Dort bot sich für die Flüchtlinge, die allesamt Handwerker waren, auch die Möglichkeit, durch den Verkauf ihrer Waren das Lebensnotwendige zu erarbeiten.
Und so wird am 17. Juni 1722 am Hengstberg bei Berthelsdorf der erste Baum gefällt. Christian David, einer der Flüchtlinge, spricht dazu den Vers 4 des 84. Psalms als Gebet:

> *»Denn der Vogel hat ein Haus gefunden und die Schwalbe ihr Nest, da sie Junge hecken: deine Altäre, HERR Zebaoth, mein König und Gott.«*

Die entstehende Siedlung wird zunächst Herrens-Hut, später Herrnhut genannt. Die Skulptur stellt ein Nest dar, gebaut aus verschiedenen traditionellen Werkzeugen, das unter den schützenden und segnenden Händen Gottes errichtet wurde.

Auch hier wurde die Idee für die Skulptur durch eine natürliche Vorgabe unterstützt. Vor Jahrzehnten, als hier im Wald die Wege gebaut oder befestigt wurden, brach man an dieser Stelle die für den Bau notwendigen Steine aus dem Hang. Der so entstandene halbrunde Einschnitt gibt dem Nest unter den Händen Gottes einen zusätzlichen Schutz.

Am Kriegsende, in der Nacht vom 8. zum 9. Mai 1945 wurde das »Nest« Herrnhut schwer durch Brandstiftung sowjetischer Truppen zerstört. Viele Einwohner der Stadt sahen das als Ermahnung Gottes an, denn in Herrnhut hatte man sich oft nicht deutlich genug von der Politik des Dritten Reiches distanziert. Es gab und gibt im Gesangbuch der Brüdergemeine einen Vers:

»Herrnhut soll nicht länger stehen, als die
Werke Deiner Hand ungehindert drinnen
gehen – und die Liebe sei das Band.«
(Gesangbuch der Brüdergemeine 2007, 519/4)

Das Nest ist aus den Werkzeugen der Handwerker, der damaligen Siedler gebaut. Wenn der aufmerksame Betrachter auch ein etwas moderneres Teil in dem Nest entdecken sollte, dann kann er sicher sein, dass auch heute noch immer an diesem »Nest« gebaut wird.

Das zerstörte Herrnhut im Mai 1945

Wiederaufgebauter Kirchensaal

Der Streit

Schreien, trotzen und nachdenklich werden

Es sprach sich schon bald im Lande herum, das in Berthelsdorf ein sehr toleranter und verständnisvoller Landesherr herrschte. In kürzester Zeit vergrößerte sich der neue Ort Herrnhut, wurden die anfänglichen Holzhäuser durch steinerne Bauten ersetzt und die Bevölkerungszahl stieg auf über 300 Einwohner an.
Aber es war auch allerhand buntes Volk unter den Ankömmlingen und die unterschiedlichsten theologischen Ansichten und Gepflogenheiten prallten bisweilen heftig aufeinander. Jede religiöse Gruppierung, die sich in Herrnhut ansiedelte, wollte auf ihrer Position beharren. Eine Einigung oder zumindest Toleranz schien unmöglich. Der neu entstandene Ort durchlebte seine erste heftige Krise.
Zinzendorf, der wohl als Ortsherr die Macht und das Recht gehabt hätte, den Streit zu unterbinden oder einzelne Leute aus seinem Herrschaftsbereich zu verweisen, scheute vor dieser Möglichkeit zurück. Für ihn war die »Gewissensfreiheit« ein höheres Gut.
In zahllosen Gesprächen, mit Gruppen, mit Familien, mit Einzelnen, mühte sich der Graf über Monate, die verhärteten Positionen aufzuweichen. Das war nicht leicht.
Die Station »Der Streit« ist eine Skulpturengruppe, die einen Streit in seinen drei hauptsächlichen Phasen darstellt.

Die Konfrontationsphase

Übermächtig und verhärtet sind die Positionen der beiden Kontrahenten. Aber noch kommuniziert man miteinander, man schreit sich an. Macht und Größe des Problems werden dabei durch Ausmaß und Material der Skulptur dargestellt.
Mit einer Höhe von etwa drei Metern und ihrer einander zugeneigten Form, bilden die Figuren der ersten Gruppe den Eingang.

Zu beiden Seiten des Weges platziert, werden die Skulpturen zu einem überlebensgroßen Torbogen, durch den der Betrachter, will er seinen Weg fortsetzen, hindurch muss. Dabei erfährt er jene Beklommenheit, die sich einstellt, wenn man im realen Leben tatsächlich zwischen zwei Streitende gerät. Wut und Aggression der Gegner werden dabei über die von Durchbrüchen zerstückelten Betonkörper und die bis ins fratzenhafte verzogenen Gesichter artikuliert.

Die Trotzphase

»Es ist sinnlos, mit dem da zu reden!« – das ist die Hauptinformation des zweiten Paares der Gruppe. Die Kontrahenten haben sich abgewandt, sie drehen einander den Rücken zu. Im Gegensatz zum ersten Paar sind die Figuren der Trotzphase nur noch reichlich mannshoch. Die Körper bestehen aus massiven Betonblöcken, gekrönt von überproportionalen »Dick«-Köpfen.

Während sich die Augen des ersten Figurenpaares fixieren, gehen hier die Blicke starr ins Leere. Allen Versuchen des Betrachters, mit den Figuren in Blickkontakt zu treten, weichen die versteinerten Gesichter scheinbar aus.

Die Phase der Auflösung

Das erste Paar ist deutlich überlebensgroß, die zweite Gruppe nur noch mannshoch, das dritte Paar ist deutlich kleiner als der Besucher. Durch diese gewählte Gliederung wird der Eindruck vermittelt, dass man als Betrachter an der Überwindung der anfänglich übermächtigen

Streitsituation beteiligt ist. Man wächst darüber hinaus. Nur noch einen reichlichen Meter hoch, brechen Gesichter und Hände einen versteinerten Quader auf. Die dabei entstehenden Trümmer signalisieren das beginnende Ende der Verhärtung. Der Blick ist nicht starr, sondern eher abwesend auf ein imaginäres Inneres gerichtet. Die Konzentration gilt dem eigenen Schuldanteil. Die Ausrichtung der Körper ist im Gegensatz zu dem Vorgängerpaar nicht mehr konsequent voneinander weg, sondern in schrägem Winkel aufeinander zugehend. In dieser Richtung, ein paar Meter hin, wo der Waldweg eine Biegung macht, werden die Personen wieder nebeneinander stehen. Die Basis für eine Beendigung des Streites ist damit geschaffen.
Auch an dieser Station wurde wie bei den vorherigen die natürliche landschaftliche Vorgabe bewusst als Gestaltungsmittel einbezogen. Der Wald rechts des Weges ist dicht mit Fichten bestanden und wirkt in seiner Erscheinung dunkel, düster und kühl. Links ist das Gelände ansteigend und mit lockerem, hohen Mischwald bewachsen. Während auf der rechten Wegseite auch an Sonnentagen kaum Licht den Waldboden erreicht, erhalten die gegenüberliegenden Skulpturen durch das lockere Spiel von Licht und Schatten einen zusätzlichen Reiz.

Die Buße

Offenheit und Stille

Bestimmte Situationen lassen sich nur durch bestimmte Stilmittel darstellen. Nicht alle Aussagen sind mit bildkünstlerischen Mitteln realisierbar. Eine solche Aussage ist die Situation nach dem Streit.
Zinzendorf ist es gelungen, die verhärteten Positionen der unterschiedlichen Parteien aufzuweichen und die verschiedenen theologischen Sichtweisen dem jeweils Anderen nahe zu bringen. Damit ist das generelle Problem der gegenseitigen Ablehnung noch nicht aus der Welt geschafft, aber ein erster Schritt in die richtige Richtung getan. Nun muss nur noch die eigene Einsicht den Einzelnen erreichen.
Für die Darstellung dieses intellektuell-emotionalen Prozesses wurde eine Wortskulptur geschaffen.

BE TEIL IGT

Abgewandt und
tief im Zweifel
ein Teil ist immer
auch nur dort
getrübt ist das Erkennen
das sich nährt
aus der Verzweiflung
und ist da kein Bedauern
nur zum Schein
es muss genannt sein
und eine Kraft wächst
wenn ein höheres Selbst
Vergebung schenkt
und ein Gebet
das ist der Hort
wenn DU mich suchst
dann bin ICH dort

Zwei aufrecht stehende Sandsteinfragmente tragen den Text. Jedes dieser Fragmente birgt dabei gleichermaßen Spuren von Schöpfung und Zerstörung. Beides wissentlich von Menschenhand gemacht. Bruchflächen, die beim Abbau im Steinbruch entstanden sind, korrespondieren mit glatt behauenen konkaven Flächen an Vorder- und Rückseite.
Die Zerstörung von etwas Gewesenem lässt sich erahnen.
Das lichte Ocker der Steine trägt das tiefe Kobaltblau der Schrift, nach den mosaischen Gesetzen die Opfer- und Priesterfarbe (2. Mose 26 ff).
Während in den vorangegangenen Stationen die Skulpturen selbst die Aussage trugen, wird hier das Korpus scheinbar lediglich als Untergrund für die schriftlich fixierte Botschaft benötigt. Erst im Geiste des Betrachters wachsen beide Elemente zu einem Ganzen.
Das Erkennen und Bekennen der Schuld aneinander und vor Gott, die Bitte um Vergebung und das Schenken bzw. Annehmen von Vergebung kann die Kräfte freisetzen, die ein friedliches und besseres Miteinander gelingen lassen.
Zinzendorf führte persönliche Gespräche mit allen Siedlern Herrnhuts, um ihnen klarzumachen, dass es zwar in wesentlichen Dingen Einheit, in unwesentlichen Dingen aber Freiheit und Vielfalt geben muss. Jeder bedarf der Vergebung und jeder sollte sie auch dem Nächsten nicht verweigern.

Das Abendmahl

Lieben lernen

»Denn der HERR Jesus in der Nacht, da er verraten ward, nahm das Brot, dankte und brach's und sprach: Nehmet, esset, das ist mein Leib, der für euch gebrochen wird; solches tut zu meinem Gedächtnis. Desgleichen auch den Kelch nach dem Abendmahl und sprach: Dieser Kelch ist das neue Testament in meinem Blut; solches tut, so oft ihr's trinket, zu meinem Gedächtnis.«

1. Korinther 11, 23b–25 (3)

Herrnhut besaß als Ortsteil von Berthelsdorf keine eigene Kirche. Gottesdienste, kirchliche Feste und Abendmahlsfeiern wurden in der Berthelsdorfer Kirche gehalten. Wie viele Abendmahlsfeiern Pfarrer Rothe mit den neuen Siedlern schon gehalten hatte, ist unbekannt. Das Abendmahl am 13. August 1727 aber wurde ein ganz Besonderes. Die Herrnhuter versammelten sich am Morgen, um gemeinsam nach Berthelsdorf zu gehen. Die Stimmung war freundlich und man sprach miteinander.

Während der Abendmahlsfeier kam es dann zu jenem Ereignis, das später als die Geburtsstunde der Herrnhuter Brüdergemeine gelten wird.
Es schien, als ob der Heiland selbst anwesend war. Bedenken, Vorurteile und Zweifel, die die Gemeinde noch vor Tagen zermürbten, schienen nichtig zu sein. Am tiefsten Punkt, den die junge Gemeinde in Herrnhut zu durchleben hatte, an der Stelle, wo viele schon glaubten, dass der neu gegründete Ort bereits nach wenigen Jahren wieder auseinander bräche, kam es zu dem Ereignis, das die Geburtsstunde einer weltumspannenden Gemeinschaft werden sollte. In dem »Herrnhuter Diarium« wird es später heißen:

> *»Wir brachten diesen und folgenden Tag*
> *in einer stillen und freudigen Fassung zu*
> *und lernten lieben.«* (2)

Die Streitpunkte waren nicht verschwunden, aber die Erkenntnis, dass wir als Gottes Kinder bei IHM alle denselben Status haben, Schwestern und Brüder sind, überwog alles.

Der Betrachter hat den Teich erreicht. Am nördlichen Ufer befindet sich ein halbrunder Steinausbruch aus der Vergangenheit. Darin eingepasst steht die Skulptur »Das Abendmahl«. Für die Darstellung wurde eine schlichte Sitzgruppe aus dreizehn Elementen mit überhöhten Rückenlehnen gewählt, die Christus im Kreise der Apostel darstellen. Im Zentrum des Halbkreises befindet sich ein Tisch mit Kelch und Brot. Jeder der Sitze ist durch das jeweilige ikonographische Symbol einem Jünger zugeordnet. In der Mitte, deutlich größer und nach oben in angedeuteter Kronenform auslaufend, befindet sich der Christusstuhl. Kennzeichen ist das Lamm mit der Siegesfahne (das »Wappen« der Brüder-Unität) auf einem stilisierten Globus und der umlaufenden Schrift »Vicit agnus noster. Eum sequamur.« (Unser Lamm hat gesiegt. Lasst uns ihm folgen). Am rechten Rand der Gruppe befindet sich mit gekürzter Lehne der Stuhl des Judas. Zusätzlich gezeichnet mit den 30 Silberlingen. Alle Stühle sind durch eine Weinranke mit dem Christusstuhl verbunden.

»Ich bin der Weinstock, ihr seid die Reben. Wer in mir bleibt und ich in ihm, der bringt viele Frucht, denn ohne mich könnt ihr nichts tun.«
Johannes 15, 5. (3)

Jesus hat niemanden von der Tischgemeinschaft ausgeschlossen. Und es ist schon erstaunlich, das er Judas sogar den ersten Bissen reichte, nicht nur im Orient ein Zeichen besonderer Ehrerbietung. Das Abendmahl verbindet nicht nur die Teilnehmenden untereinander, sondern es stiftet auch Gemeinschaft mit allen andernorts Abendmahl feiernden Christen und es ist eine besondere Verbindung zur Alten Brüder-Unität, deren Symbol der Kelch war.

Die Apostel und ihre Symbole (4)

Petrus	zwei Schlüssel
Andreas	Schrägbalkenkreuz
Jakobus d. Ä.	Pilgermuschel
Johannes	Kelch und Schlange
Thomas	Speer
Jakobus d. J.	Tempelzinnen und Walkerstange
Philippus	T-Kreuz und Steine
Bartholomäus	Messer und eigene abgezogene Haut
Matthäus	Schreibfeder und Engelsflügel
Judas Thaddäus	Hellebarde
Simon Zelotes	Säge
Judas Ischkariot	Geldbeutel und Silberlinge

Gehalten

Ein Kreis im Quadrat

Durch die Gemeinden der Brüder-Unität wandert Tag für Tag, Jahr für Jahr, eine Gebetswacht. Rund um die Welt, 24 Stunden täglich, zu jeder Jahreszeit sind Brüder und Schwestern im Kontakt mit Gott. Ob in den eisigen Tundren Alaskas oder in den Savannen Tansanias, ob in Amsterdam, in Herrnhut oder an der Wolga, der Ort ist unwichtig. Entscheidend ist nur, dass es keinen Augenblick gibt, in dem die Menschen den Kontakt zu ihrem Schöpfer verlieren. Es ist ein nicht endender Kreis von Gebeten, der über die Kontinente und durch die Zeiten geht und der in seiner Fürbitte alle anderen Menschen einschließt.

An der südöstlichen Ecke des Teiches trifft der Besucher auf eine Figurengruppe.
Zwölf schlichte helle Steinsäulen, eine jede reichlich zweieinhalb Meter hoch, bilden ein etwa acht mal acht Meter großes Quadrat, das sich zum Teich hin öffnet. Jede dieser Säulen symbolisiert einen im Gebet oder in einer Andacht versunkenen Menschen. In Umkehrung des Torsoprinzips wird hier der Körper stark abstrahiert und auf seine statische Funktion reduziert. Hände und Kopf werden zu den Ausdruck tragenden Stilmitteln. Sie sind Abgussplastiken realer Personen und verleihen so den Figuren eine starke Authentizität.

Im Zentrum der Gruppe, leicht nach hinten versetzt, befindet sich eine mit rotem Granit verkleidete Steinbank. Hier wird der Besucher eingeladen, sich in den Kreis der Betenden hinein zu begeben und Platz zu nehmen. Allein oder mit Freunden, laut oder leise, in Gedanken oder mit gesprochenen Worten kann er sich einbringen. In der Gemeinschaft der Fürbittenden und Dankenden und in der persönlichen Begegnung mit Gott im Gebet, entwickelt sich Halt im Leben. Die in die gewachsene Natur gestellte Geradlinigkeit der Säulen vermittelt dabei den Eindruck von schützender Architektur und Geborgenheit.

Die Gemeinschaft

Mitte(n) im Durcheinander

Über die Uferwiesen zu beiden Seiten des Baches erstreckt sich ein Kreis aus verschiedensten Gegenständen und Gebilden. Scheinbar ungeordnet stehen Sitzgelegenheiten, Tische, Steine, absurde Holzgebilde und große Keramiken nebeneinander und durcheinander.
Den Sinn dieser Skulptur findet der Betrachter erst bei näherem Hinsehen, erst dann, wenn er sich entschließt, in den geschaffenen Kreis einzutreten. Dann nämlich kann er in der Mitte des Gebildes auf einem Stein, der wie zufällig im Wasser liegt, den kleinen stilisierten Fisch finden, den Fisch als das Symbol für Jesus Christus (5).
Nach Zinzendorfs Verständnis ist die Gemeinschaft der Christen, die noch nicht sichtbare Kirche des dritten Glaubensartikels, ein weltweiter Kreis all derer, die an Jesus Christus glauben.
Da nun aber Christen in verschiedenen Nationen, in verschiedenen Ländern und in verschiedenen Klimazonen zu Hause sind, ist es nicht möglich, diese alle in einer Konfession zu binden, denn das würde sich notwendiger Weise wie eine Zwangsjacke auf das tägliche Leben und die Lebenspraxis der Christen legen. Das kann nicht von Gott gewollt sein.
Also ist die Vielzahl christlicher Konfessionen nach Zinzendorf ein »Teil von Gottes gnädiger Herablassung dem Menschen und seinem Fassungsvermögen gegenüber« (2).

Mit diesem Gedanken und der später daraus abgeleiteten Praxis wird Zinzendorf zu einem Vordenker der Ökumene des 20. Jahrhunderts.
»Ich statuiere kein Christentum ohne Gemeinschaft«, so wird Zinzendorf oft zitiert. Dabei war sich Zinzendorf bewusst, dass die Gemeinschaft aus lauter einzigartigen Individuen besteht, deren Verschiedenheit gottgewollt ist (»… es gibt so viele Konfessionen wie Christen«) (2). Der Austausch mit anderen Christen ist dabei ein wichtiges Mittel, um in Gemeinschaft herauszufinden, was Christsein im heutigen Alltag bedeutet. Seelsorge, das gemeinsame Angehen großer Aufgaben, das gemeinsame Tragen von Lasten und natürlich das gemeinsame Feiern, all das gehört dazu. Solange Christus dabei im Mittelpunkt steht, begrüßt Zinzendorf die Vielfalt der Gedanken als Schönheit.
Die »GEMEINSCHAFT« besteht aus unterschiedlichsten Elementen, die optisch eigentlich nicht zusammenpassen, lange schlanke und dicke kurze, Naturstein und Betonelemente oder aufrechte und liegende. In einer christlichen Gemeinschaft muss Platz für die unterschiedlichsten Menschen sein. Wichtig ist, dass Christus den Mittelpunkt bildet – als Richtschnur, Fundament, Quelle und Wasser des Lebens. Der Kreis ist offen und

einladend. Jeder hat aber auch die Freiheit, den Kreis wieder zu verlassen, wenn man sich in dieser Gemeinschaft nicht mehr zu Hause fühlt. Innerhalb der großen Gemeinschaft muss es aber auch kleinere Gemeinschaften, wie Hauskreise, Kindergruppen, Jugendkreise und andere geben, wo man sich in engerem Rahmen treffen, austauschen und wohlfühlen kann. Das wird durch die Sitzgruppen dargestellt. Die schönste von ihnen besteht aus drei schlanken geschnitzten Thronen, majestätisch hoch aber grade mal so breit, dass Kinder darin Platz nehmen können. Ihnen gebührt in der christlichen Gemeinschaft eine besondere Rolle (Matthäus 19, 14). Man braucht Platz zum Feiern, zum Spielen, zum Rumtollen, aber auch kleine, ruhige Plätze für ein persönliches Gespräch.

Eine Begegnung der besonderen Art

In den Sommermonaten kann es passieren, dass sich nach der »Gemeinschaft« auf den Wiesen an der Petersbachaue Kühe aufhalten. Der weitere Weg führt ein paar hundert Meter über die Weidefläche. Sollten Kühe auf den Wiesen sein, dann handelt es sich ausschließlich um sogenannte Fersen, also weibliche Jungkühe – neugierig, aber ungefährlich.
Also, mutig weiter gewandert und keine Angst! Bitte die Weidezäune übersteigen oder unterkriechen. Sind die Tiere auf der Weide, dann führen die Weidezäune Strom. Ein Stock erleichtert das Überwinden des Koppeldrahtes. Die Kühe kommen gerne nah an die Menschen heran und rennen auch gerne hinterher. Wer das noch nicht erlebt hat und etwas ängstlich ist, kann sich die Tiere mit einem Stock sehr gut auf Abstand halten.

Das Buch

... und lies laut alle diese Worte

Bücher sind in der christlichen Religion und im Leben der verschiedenen Gemeinden seit jeher von großer Bedeutung.
Da ist zunächst das wichtigste der Bücher, die Bibel, die ihrerseits ebenfalls eine umfangreiche Sammlung verschiedenster Bücher darstellt. Geschichtsbücher, Gesetzbücher, Liederbücher und noch mehr kann man in ihr finden. In ihr wird erfahrbar, was Gottes Plan mit der Welt ist, wie er sich ein funktionierendes und gerechtes Miteinander aller seiner Geschöpfe vorstellt und welchen Beitrag ein jeder Mensch dazu tun kann und soll.

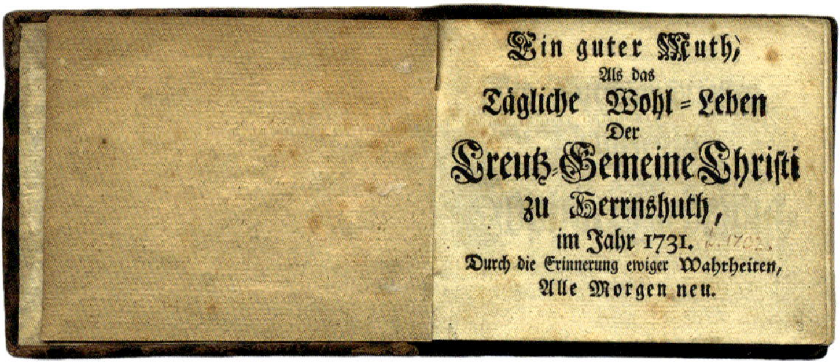

Dabei ist es gleich, welche Übersetzung der Bibel man vor sich hat, welcher Konfession die Herausgeber angehören, die Unterschiede sind marginal, die zentrale Botschaft ist bei allem Variantenreichtum dieselbe.
Zinzendorf war es wichtig, das täglich in der Bibel gelesen wird. Als Einstiegshilfe dazu und auch als Zeichen der Verbundenheit mit den Geschwistern in anderen Gemeinden und den Missionsgebieten gab er die Losungen heraus, die heute noch jedes Jahr neu erscheinen (seit 1731 ununterbrochen) und mittlerweile in

mehr als 50 Sprachen gedruckt werden. Die Losungen sollen das Bibellesen nicht ersetzen, sondern zum Bibellesen anregen. Sie bestehen aus einem ausgelosten Vers aus dem Alten Testament, einem dazu ausgewählten Vers aus dem Neuen Testament und einem Dritttext, der meist einem Gebet oder einem Lied entnommen wurde. Inzwischen verbindet das tägliche Losungslesen unterschiedlichste Menschen aller Konfessionen in den verschiedensten Nationen rund um den Erdball zu einer großen Gemeinde, die den Tag unter dem gleichen Bibelvers erlebt. Durch die tägliche Kombination aus Altem und Neuem Testament bleibt die Verbindung zu den Wurzeln, auch zum Volk Israels, lebendig.
Ein drittes, wichtiges Buch ist in fast allen Gemeinden und Konfessionen das Gesangbuch. Das Singen in der Liturgie, der Gesang als Dank und Lob Gottes oder einfach nur aus Freude ist elementarer Bestandteil des Gemeindelebens. Auch in der Brüdergemeine spielt es eine herausragende Rolle.

»Das Gesangbuch ist eine Art Antwort auf die Bibel, ein Echo und Fortsetzung. Aus der Bibel sieht man, wie Gott mit den Menschen redet, und aus dem Gesangbuch, wie die Menschen mit Gott reden.« (2)

So beschreibt Zinzendorf die Aufgabe des Gesangbuches und gleichzeitig auch seine Bedeutung für das Glaubensleben in der Gemeinde.
Das Zentrum der Skulptur ist ein Buch, das aufgeklappt aufgestellt an eine Schutzhütte erinnert. Diese Buch-Hütte, groß genug, dass sie mehreren Personen Platz bietet, spendet Schatten, wenn die Sonne brennt, bietet Unterstand bei Regen oder schafft eine stille Ecke, wenn der Wind mal gar zu heftig pfeift. Und so, wie die Hütte zum Eintreten und Verweilen anregt, soll die Skulptur den Besucher animieren, gelegentlich in Losung, Bibel oder Gesangbuch »einzutreten«. Ob allein oder im Kreis von Freunden, ein stilles Eckchen und Entspannung im Stress des Alltages findet sich darin immer.

Das einige Notwendige

Von der Musik

Zinzendorf wird auch als bedeutender Dichter von Kirchenliedern gewürdigt und das zu Recht. Wie viele er geschaffen hat, ist bis heute unklar geblieben, aber die Zahl geht in die Hunderte, und bis heute ist die Sangesfreude der Herrnhuter sprichwörtlich. Das hat seinen Grund.
So zahlreich wie das brüderische Liedgut, so verschiedenartig ist auch die Entstehungsgeschichte der einzelnen Stücke. Etliche davon, und das sind die meisten derer, die uns heute noch überliefert sind, wurden zu bestimmten Lebensereignissen (Geburt, Taufe, Heirat, Krankheit, Tod usw.) geschaffen. Andere begleiteten das Kirchenjahr in seinem Lauf (Weihnachten, Ostern, Himmelfahrt, Pfingsten usw.). Wieder andere Lieder entstanden eher spontan, angeregt durch aktuelle Geschehnisse oder auch Stimmungen. Zinzendorf war geradezu bekannt dafür, spontane

Texteinfälle eben so spontan zu »vertonen« und auf eine bereits vorhandene Melodie zu pressen und dann die Gemeinde anzuhalten, diese Erfindungen zu singen. Allerdings war den meisten dieser Schöpfungen nur eine kurze Lebensdauer beschieden. Schon nach der »Erstaufführung« gerieten sie in Vergessenheit und nur das Unitätsarchiv kann dafür heute noch beredt Zeugnis geben. Aber auch viele andere Gemeindemitglieder betätigten sich musikalisch und dichteten Texte oder komponierten Lieder. Unser Gesangbuch weist heute noch 88 verschiedene Autoren aus den Reihen der Brüdergemeine aus. Wie viele Lieder im Laufe der Jahrhunderte entstanden sind und gesungen wurden, kann heute keiner mehr sagen. Ein Großteil von ihnen ist in Vergessenheit geraten. Andere Texte aber wurden zu Hymnen und werden bis in die Gegenwart, teils mit wechselnden Melodien, in allen Teilen unserer Welt gesungen. Eines davon ist das von Christian Renatus, einem Sohn Zinzendorfs verfasste einstrophige Lied »Das Einige Notwendige« (Gesangbuch der Evangelischen Brüdergemeine 2007, 886).

Choralbuch der Ev. Brüdergemeine 1960, S. 171

Das einige Notwendige ist Christi teilhaft sein und
dass man ihm behändige Geist, Seele und Gebein.
Dann geht man seinen Gang gewiss und weiß,
dass man durch keinen Riss sich von der Hand,
die nie lässt gehen, getrennet werde sehn.

Die Skulptur ist eine Klangskulptur und besteht aus einem Rahmen mit abgestimmten Klanghölzern. Dabei sind die Töne nicht, wie bei anderen Klanghölzern nach Oktaven geordnet, sondern nach der Melodienfolge abgestimmt. Jedes Kind kann so, die Hölzer von links nach rechts anschlagend, die Melodie erzeugen. Dabei darf man den tontechnischen Anspruch allerdings nicht sehr hoch ansetzten, da durch Witterung und Holzzersetzung die Stimmung der Hölzer leidet.

Der Eremit

Stille und Andacht

Der Skulpturenpfad wurde in seiner Entstehung auch von Künstlern unterstützt, die nicht zu der Projektgruppe gehörten. Eine solche Arbeit ist »Der Eremit« von Günther Schönfelder aus Schönbrunn bei Großhennersdorf.

Nach Zinzendorfs Verständnis von Umgang und Kontakt mit Jesus Christus sind Gottesdienste, Singstunden und Stundengebete ebenso wichtig wie der stille und ganz persönliche Kontakt mit dem Heiland. Nur in innerer Zurückgezogenheit ist ein Dialog mit ihm möglich.

»Wenn aber du betest, so gehe in dein Kämmerlein und schließ die Tür zu und bete zu deinem Vater im Verborgenen; und dein Vater, der in das Verborgene sieht, wird dir's vergelten öffentlich. Und wenn ihr betet, sollt ihr nicht viel plappern wie die Heiden; denn sie meinen, sie werden erhört, wenn sie viel Worte machen. Darum sollt ihr euch ihnen nicht gleichstellen.«

Matthäus 6, 6–8a (3)

Dieser Gedanke wird durch die Holzskulptur getragen. Aus dem massiven Block des Stammes entwickelt sich die Figur eines Mannes, der in stiller Konzentration zu meditieren scheint. Sein Blick ruht in der Ferne. Der Platz vor dem kleinen Brunnenhäuschen im Hintergrund gibt der Szene eine besondere Stimmung. Man meint, dass der alte Einsiedler um die Bedeutung des Wassers als Sinnbild des Lebens und des Glaubens weiß und dieses bewacht.

Das Buschhäusel

Hier haben Sie gut die Hälfte des Weges geschafft. Das Häuschen bietet Wanderern die Möglichkeit zu einer größeren Rast. Der Ort ist gegebenenfalls auch mit dem Auto erreichbar, so dass ältere oder gehbehinderte Menschen dort abgeholt werden können. Im Inneren befindet sich eine Kochgelegenheit und in der Nähe des Hauses sind, wenn keine Waldbrandwarnstufe besteht, Lagerfeuer und Grillen möglich. Naturfreunde oder Jugendgruppen, die es etwas rustikaler mögen, können dort auch gern ein paar Tage campieren. Die Genehmigung für solche Aktionen und zum Befahren des Waldes muss jeweils vorher von der Forstverwaltung eingeholt werden (6).

Einige Dutzend Meter nach dem Buschhäusel, etwas links des Weges am Waldrand befindet sich dann eine weitere Skulptur.

Die Einkehr

Andacht und Besinnung

Es ist die lebensgroße Gestalt einer Frau, mit gesenktem Kopf und gefalteten Händen, tief im Gebet versunken. Sie ist in schlichtem Weiß gehalten. Neben ihr, auf der hölzernen Bank gibt es noch reichlich Platz. Die Skulptur ist eine Abgussplastik. Die Realitätsnähe, die Körpersprache und die helle Farbe schaffen das Gefühl innerer Sammlung und Konzentration. Gleichzeitig lädt die Figur den Betrachter nonverbal zu eigenem Verweilen und Platznehmen an ihrer Seite ein.

Auch dieser Ort ist keine zufällige Entscheidung, sondern wurde mit Bedacht gewählt. An der Stelle, wo der Wanderweg den Wald verlässt und an den Feldrand gelangt, hat der Betrachter derzeit noch einen Ausblick auf alle Orte, die in der Anfangsgeschichte der Herrnhuter Brüdergemeine eine Rolle spielten. Rechts, in Wegesrichtung unterhalb des Berges, liegen die ersten Häuser von Großhennersdorf. Halb links, hinter den Feldern, befindet sich Berthelsdorf, und ganz links, dem Verlauf des Waldrandes folgend, kann man den Altan über dem Gottesacker von Herrnhut sehen. Und bei guter Sicht erblickt man im Südosten das Panorama der böhmischen und schlesischen Berge. Dort stand vor Jahrhunderten die eigentliche Wiege der Brüdergemeine. Während es beim Eremiten eher um die persönliche Gottesbeziehung geht, will die Einkehr zur Fürbitte für die Menschen, die hier wohnen, einladen.

Die grosse Zahl

Von Wachstum und Relativität der Zahlen

Es waren, die Kinder mitgezählt, zehn mährische Exulanten, die im Sommer 1722 die ersten Häuser für das spätere Herrnhut bauten.
Im Jahr 2000, 278 Jahre später, hat die Herrnhuter Brüdergemeine weltweit eine knappe Million Mitglieder. Geplant war eine solche Entwicklung ursprünglich allerdings nicht.
Zinzendorfs Vorstellung von »seiner« Gemeinde war es, eine ökumenische, diakonisch und missionarisch ausgerichtete Gemeinschaft zu errichten, deren Zentrum der Heiland ist und deren Wirkung sich innerkirchlich und zwischenkirchlich entfalten sollte. »Ecclesiola in ecclesia«, ein »Kirchlein in der Kirche« wollte er schaffen. Von dem Gedanken, eine eigene Kirche im Sinne einer staatlich anerkannten Kirche zu begründen, war er weit entfernt. Und dennoch geschah es.

Ursprünglicher Entwurf

Als Zinzendorf im Frühjahr 1743 von seiner zweiten Überseereise zurückkehrte, wurde er mit der Nachricht empfangen, dass sich in Schlesien die »Mährische Kirche etabliert« habe, da ihr Antrag auf königlich-preußische Generalkonzession bewilligt worden sei. Zinzendorfs Freude hielt sich allerdings in sehr engen Grenzen, denn seine Bedenken gegenüber diesem Schritt waren gerechtfertigt.

Da bestand zum einen die Gefahr, dass die zahlreichen Gegner der »suspekten Herrnhuter Bruderschaft« in dem Schritt die Gründung einer vierten Konfession erkennen konnten und das wäre ein folgenschwerer Verstoß gegen die Bestimmungen des Westfälischen Friedens (7) von 1648 gewesen. Zum anderen fürchtete Zinzendorf mit der Etablierung einer vom Staat anerkannten Kirche eine Verhärtung der Strukturen und eine damit verbundene Erlahmung der aktiven Gemeindearbeit.

Er schreibt:

> *»Die Lehre der Evangelischen Kirche ist apostolisch und nach Luthers Sinn; die Kirchenverfassung unapostolisch und wider Luthers Sinn. Darum täten die Mährischen Brüder übel, wenn sie ihre dreihundertjährige Zucht und Ordnung fahren ließen, um sich schlechterdings in eine Einrichtung zu begeben, die sie nicht völlig approbieren können.« (8)*

Inzwischen haben sich diese Bedenken als unbegründet erwiesen. Die Brüdergemeine ist gewachsen und wächst noch. In nahezu allen Erdteilen ist sie vertreten und arbeitet nach wie vor aktiv in Ökumene, Diakonie und Mission. Wenn man allerdings die Zahl ihrer Mitglieder mit denen der anderen Konfessionen vergleicht, dann sind die Herrnhuter Brüder trotzdem eher eine »Ecclesiola in ecclesia« geblieben.
Die Skulptur gibt die Zahl der Mitglieder der Brüdergemeine weltweit im Jahre 2000, zu Zinzendorfs Geburtstag, wieder.
So wie Zinzendorf damals nicht ahnte, was sich aus seinem Entschluss, Glaubensflüchtlingen auf seinem Besitz Zuflucht zu gewähren, entwickeln würde, so mahnt diese Skulptur das eigene Tun und Lassen zu bedenken, denn auch dieses kann ungeahnte Kreise ziehen, weit über unsere eigene Lebensspanne hinaus.

Wirk lich keit

Drei ist eins und eins ist drei.

Kaum ein zweiter Lehrsatz des christlichen Glaubens hat die Menschen so bewegt aber auch zerstritten, wie die Lehre vom Dreieinigen Gott. Von Judentum und Islam als Blasphemie verschrien, hat diese Glaubensmaxime auch innerhalb der Christenheit zu großer Verwirrung geführt und wird bisweilen heute noch als ein Stein des Anstoßes erfahren.
Wer ist dieser Jesus? Wurde er von Gott gezeugt oder geschaffen? Ist er Mensch? Oder ein Gott? Oder ist er nur »wesenseins« mit Gott? Ist er vielleicht selbst Gott? Oder nur »gottähnlich«? Und der Heilige Geist? Welche Rolle spielt er in der gesamten Anordnung?

Über diese Fragen und Probleme mag der eine oder die andere heute vielleicht den Kopf schütteln. Was aber trieb die Christen des dritten und vierten Jahrhunderts dazu, diese Fragen zu wälzen und sich dabei so zu zerstreiten, dass erste große Risse in der christlichen Gemeinschaft entstanden, die in der Folgezeit zu Kirchenspaltungen führen sollten? Die Diskussionen, die nun unter den gelehrten Christen, den frühen Theologen mit großer Heftigkeit geführt wurden, kreisten um nichts anderes, als um die zentrale Frage innerhalb des christlichen Glaubens: Wer ist dieser Jesus und in welcher Beziehung zu Gott und dem Heiligen Geist steht er?

»Und es begab sich, da er allein war und betete und seine Jünger zu ihm traten, fragte er sie und sprach: Wer sagen die Leute, daß ich sei? Sie antworteten und sprachen: Sie sagen, du seist Johannes der Täufer; etliche aber, du seist Elia; etliche aber, es sei der alten Propheten einer auferstanden. Er aber sprach zu ihnen: Wer saget ihr aber, daß ich sei ? Da antwortete Petrus und sprach: Du bist der Christus Gottes!«

Lukas 9, 18–20 (3)

»Zu der Stunde freute sich Jesus im Geist und sprach: Ich preise dich, Vater und HERR des Himmels und der Erde, dass du solches verborgen hast den Weisen und Klugen, und hast es offenbart den Unmündigen. Ja, Vater, also war es wohlgefällig vor dir. Es ist mir alles übergeben von meinem Vater. Und niemand weiß, wer der Sohn sei, denn nur der Vater; noch wer der Vater sei, denn nur der Sohn und welchem es der Sohn will offenbaren. Und er wandte sich zu seinen Jüngern und sprach insonderheit: Selig sind die Augen, die da sehen, was ihr sehet. Denn ich sage euch: Viele Propheten und Könige wollten sehen, was ihr sehet, und haben's nicht gesehen, und hören, was ihr höret, und haben's nicht gehört.«

Lukas 10, 21–24 (3)

Viele Menschen stellen sich die Geschichte des christlichen Glaubens als einen mehr oder weniger geradlinigen Verlauf von Jesus her bis in die Gegenwart vor. Das ist leider nicht so.
Die Kirchengeschichte ist ein Gewirr von Linien und Verästelungen, denn sie ist der Versuch, mit den unzulänglichen Methoden des menschlichen Verstandes, das eigentlich unsagbare Geheimnis Gottes in Worte und Fakten zu bringen. Und dieser

Versuch war immer und zu allen Zeiten von zähem Ringen und endlosen Diskussionen geprägt. Gelehrte Theologen und Päpste beteiligten sich daran ebenso wie einfache Mönche und Nonnen. Bauern und Handwerker, die ihren Glauben so lebten wie sie ihrerseits die Bibel verstanden, trugen ihr Scherflein genauso dazu bei wie Fürsten und Könige. Allen aber ist dabei eins gemeinsam, sie suchten und stritten um den wahren Sinn, den »wahrsten Sinn des Wortes«.

In dieser Reihe steht auch Zinzendorf.

Zinzendorf bezeichnete, von vielen damals belächelt, von anderen als genial befunden, das Wesen des Heiligen Geistes als »mütterlich«. Das war sein Versuch die »Dreieinigkeit« verständlicher zu machen.

Zu IHM kommst du
durch sie
Worte sind es nicht
es ist
wenn du begreifst
was immer heißt
den Worten dann
den Sinn verleihst
ergriffen worden bist
Gott sprach hier
das Ohr es hörte
und es ward dir Gehör
verliehen von IHR
es war der heilige Geist

Mission

Von einer wirklich guten Nachricht

1731 war Herrnhut zu einer stabilen Gemeinde gewachsen. Der Ort hat seine ersten Stürme heil überstanden. Zinzendorf und seine Gemeinde ist inzwischen bis über die deutschen Grenzen hinaus bekannt, so auch am dänischen Königshof. Neben den zahlreichen Kontakten zu den verschiedensten aristokratischen Häusern, die allesamt wichtig sind, wird dort vor allem die Begegnung mit dem »Kammermohren« Anton für Herrnhut prägend. Im Sommer des Jahres weilt Anton, der von der dänischen Kolonie St. Thomas in der Karibik stammte, auf Einladung Zinzendorfs in der Gemeinde und erzählt den fassungslos staunenden Brüdern und Schwestern vom Leben und Arbeiten der Sklaven in den dänischen Kolonien. Die Tatsache, dass die farbigen Männer und Frauen wie Arbeitstiere gehalten werden und der Umstand, dass sich die Plantagenherren zwar Christen nennen, aber ihre Sklaven weder als Menschen anerkennen noch ihnen den Weg zum Christentum öffnen wollen, schockiert die Herrnhuter.
In dieser Begegnung liegt der Beginn der Herrnhuter Missionsarbeit. Ein Jahr später, am 21. August 1732, brechen Leonhard Dober und David Nitschmann als erste Missionare in die Karibik auf.
Christliche Mission gibt es seit den Urgemeinden in Palästina, Jesus selbst gab dazu den Auftrag:

> *»Darum gehet hin und lehret alle Völker und*
> *taufet sie im Namen des Vaters und des Sohnes*
> *und des heiligen Geistes, und lehret sie halten*
> *alles, was ich euch befohlen habe. Und siehe,*
> *ich bin bei euch alle Tage bis an der Welt Ende.«*

Matthäus 28, 19–20 (3)

Seitdem wird missioniert, und die Arten, wie das geschieht, unterscheiden sich stark voneinander. Zinzendorf war ein kategorischer Gegner jeglicher Form von gewalttätiger Christianisierung, und auch große Auftritte vor riesigen Menschenmengen lehnte er ab. Die Herrnhuter Missionare wurden daher aufgefordert, den Kontakt zu den einzelnen Menschen zu suchen, und das ließ sich am ehesten während gemeinsamer Arbeit realisieren. So war es von Vorteil, dass die ersten Missionare allesamt Handwerker und keine studierten Theologen gewesen sind. Dadurch besaßen sie die Fähigkeit, ihren Lebensunterhalt selbst zu bestreiten. Dazu kam auch ihre Bereitschaft, das ärmliche Leben der Einheimischen und Sklaven zu teilen und deren Sprache zu erlernen. Ein Verhältnis von Prediger zu Heiden, wie es bis dahin vielerorts als Missionsmethode recht und schlecht praktiziert wurde, war auf den Zuckerrohrfeldern oder in den Baumwollplantagen nicht möglich. Dort war man Gleicher unter Gleichen, sprach die gleiche Sprache, tat die gleiche Arbeit und das Gebot »Liebe Deinen Nächsten wie Dich selbst«

wurde zu gelebter Praxis. Ähnlich wie Jesus erregten auch die Herrnhuter Brüder damit den Unwillen der Insel-Mächtigen. Das brachte ihnen keine Freude, dafür aber jede Menge Ärger ein.

Die Skulptur Mission wird durch ein Figurenpaar an einer Brücke dargestellt. Jede Mission, sei sie gelungen oder gescheitert, ist der Versuch eines Brückenschlages. Auch hier wurde, ganz im Zinzendorfschen Sinne, das Anliegen auf die Begegnung zweier Menschen reduziert. Während Körpersprache und Mimik die eine als Überbringerin der Botschaft ausweisen, ist ihr Gegenüber im Moment des zaghaften Wahrnehmens fixiert. Obwohl die Missionsarbeit früher stark männerdominiert war, so sind es doch heute oft die Frauen, die hier eine wichtige Rolle übernommen haben. Der Glaube ist wie ein Geländer, welches beim Überwinden von Abgründen hilft. Die Überbringerin der Frohen Botschaft läd ihr Gegenüber dazu ein, ebenfalls den Halt im Glauben zu ergreifen. Auf dem Geländer befinden sich leicht verständliche Bibelstellen, die Orientierung geben und neugierig machen sollen.

Das Arbeitsethos

Dienet einander

»Die Arbeit ist selig und nötig, weil wir leben, aber nicht dass wir leben, denn unser Brot gibt uns der Erhalter der ganzen Welt (Christus), und unsere Arbeit tun wir ihm.« (2)
Mit diesem Satz beschreibt Zinzendorf einen der wichtigsten Bereiche des gemeinschaftlichen Zusammenlebens: die gemeinsame Arbeit. Dabei geht es ihm allerdings nicht in erster Linie um Arbeiten, die ausschließlich dem Aufbau der Gemeinde dienen, sondern er spricht damit auch jegliche Form von Erwerbsarbeit und Tätigkeit an. Die Begründung dafür findet er in der Bergpredigt (Matthäus 6, 25 ff).
Nach diesem Verständnis ist der Grund für die notwendigen Arbeiten nicht der Lebensunterhalt des Menschen, dafür wird Gott Sorge tragen. Der Grund für die Arbeit der Gemeindeglieder soll im Doppelgebot der Liebe gelegt sein. Und das steht ein paar Seiten weiter hinten in der Bibel.

> *»Meister, welches ist das vornehmste Gebot im Gesetz?« Jesus aber sprach zu ihm: »Du sollst lieben Gott, deinen HERRN, von ganzem Herzen, von ganzer Seele und von ganzem Gemüte.« Dies ist das vornehmste und größte Gebot. Das andere aber ist ihm gleich; »Du sollst deinen Nächsten lieben wie dich selbst. In diesen zwei Geboten hängt das ganze Gesetz und die Propheten.«*
>
> *Matthäus 22, 36–40 (3)*

Es war also die Liebe zu Gott und die Liebe zum Nächsten, die die Gemeindeglieder als Antrieb und Maßstab ihres täglichen Tuns ansahen. Dabei blieb es völlig gleich, welcher Tätigkeit man nachging. Das Kehren der Straßen oder die Versorgung des

Viehs waren ebenso wichtig wie die Arbeit in der Mission oder die Seelsorge. Arbeit, ja auch die alltäglichsten Dinge wurden demzufolge schon bald als Gottesdienst angesehen, denn man tat sie ja aus Liebe zu Gott und aus Liebe zum Nächsten. Folge dieser doppelten Begründung des Arbeitsethos war eine für die damalige Zeit unbekannte Gewissenhaftigkeit, mit der jegliche Arbeit verrichtet wurde.

Die Skulptur zeigt vier unterschiedliche Händepaare, die gemeinsam das Regenwasser zu einem Apfelbäumchen leiten. Die Früchte des gemeinsamen Tuns sollen uneigennützig Allen zu Gute kommen.
Um den Fuß des Granitsteines läuft ein Zitat aus dem 1. Petrusbrief: »Dient einander, ein jeder mit der Gabe, die er empfangen hat«.
Die Skulptur will nicht nur an die hohe Arbeitsmoral vergangener Zeiten erinnern, sondern dazu einladen, sich auch heute der eigenen Gaben und Begabungen bewusst zu werden und sie aus Dankbarkeit auch für die Allgemeinheit einzusetzen.

In Großhennersdorf gibt es mit dem Katharienenhof eine der ältesten diakonischen Einrichtungen unseres Landes. So passt diese Skulptur gut in diesen Ort, wo das »für einander da sein« so eine lange Tradition hat.

Empfange

Vom Dienen und Bedient-Werden

Zu den wichtigsten Handlungen im Selbstverständnis der christlichen Kirchen gehört die Fußwaschung.
In den Anfangsjahren der Brüdergemeine kam ihr zunächst noch eine größere Bedeutung, vor allem für den Grafen und die Gräfin zu, denn in der Mitte des 18. Jahrhunderts galten Herkunft und Standesrecht noch als die Säulen, auf denen die Gesellschaft ruhte. Dass ein Adliger im Reichsgrafenstand einem Niederen, einem Bürger oder einem Knecht zu Diensten war, diesem vielleicht gar noch die Füße wusch, war schlicht undenkbar.
Nicht so für Zinzendorf. Im Gegenteil, in seinem Bestreben, Bruder unter Brüdern zu werden, sieht er solche Übungen als notwendige Erinnerung daran an, dass ein jeder, der ein Amt bekleidet, dieses nur als Diener an seinen Mitmenschen zu tun hat (9).

Dieses Tun ist mehr als nur eine zweckmäßige Dienstleistung. Es ist das in ein Gleichnis gebrachte Gebot der Bruderliebe und der Dienstbarkeit untereinander, eine Handlung, die Empfangen und Geben gleichermaßen beinhaltet.
Am Rande des Großhennersdorfer Schlossteiches liegt ein in die Erde eingelassenes Becken aus Beton. An der oberen Schmalseite befinden sich ein Paar Hände in gebendem Gestus. Aus ihnen fließt Wasser in das Bassin. An den Längsseiten stehen unterschiedlich hohe Sitzgelegenheiten. Am Grunde des Beckens findet der Betrachter verschiedene Fußspuren. Große sind dabei und kleine, Männerfüße und Frauenfüße, tief eingedrückt die Abdrücke eines Drei-Zentner-Menschen neben den flüchtigen Spuren eines Kindes. Über alle fließt das Wasser, das aus den Händen kommt.
Mehrere Kilometer hat der Wanderer auf dem Skulpturenpfad schon hinter sich, und wenn es Sommer ist, dann war der Weg wahrscheinlich staubig und je nach Konstitution tun ihm nun kräftig die Füße weh. An die 10 000 Schritte haben sie getan und eine Erholung redlich verdient. In dem Bestreben, diesen Weg nicht nur begehbar und besehbar, sondern vor allem praktisch erlebbar zu machen, gibt es nun hier die Möglichkeit für Jung und Alt, eine Rast einzulegen, um sich »die Füße waschen zu lassen«.

»Dass ihr werdet wie die Kinder«

Von Kindern als Lehrer

Der Mut zu kreativen Experimenten, den Zinzendorf stets gelebt hat, ist heute nach wie vor aktuell. Erinnerung ist stets auch VER GEGEN WÄRTIG UNG. Den Heiligen Geist erleben zu wollen, setzt voraus, in Entzücken geraten zu können.

> *»Es sei denn, daß ihr umkehret und werdet wie die Kinder, so werdet ihr nicht ins Himmelreich kommen.«* *Matthäus 18, 3. (3)*

Diese Christusaussage aus dem Evangelium nach Matthäus spielt im Leben und Schaffen Zinzendorfs eine herausragende Rolle.

In dieser Aussage fand der Graf die direkte Aufforderung, sich ohne ein bereits manifestiertes Urteil den Glauben an Jesus Christus anzueignen und diesen mit »recht kindlicher Neugier« zu hinterfragen und zu praktizieren. Damit begegnet er auch der Gefahr des Festfahrens oder Erstarrens der christlichen Botschaft zu reinem Formalismus.

»Kinder sind kleine Majestäten« ist eine Äußerung Zinzendorfs, die seine große Achtung den Kindern gegenüber ausdrückt. Sie trägt in sich die Schlussfolgerung, dass die Erwachsenen von Art und Wesen der Kinder ebenso lernen können wie umgekehrt.
Auf einer Bank sitzen in Lebensgröße drei Gestalten, Zinzendorf und ihm gegenüber ein Junge und ein kleines Mädchen. Sie sind einander zugewandt, in ein Gespräch vertieft. Die Gesprächssituation wirkt entspannt. Ergänzt wird die Gruppe durch fünf grob gehauene und versteinert wirkende menschliche Gestalten, die einen nach vorn offenen Halbkreis bilden.
Die für den Betrachter spürbare Dissonanz in der Formensprache der acht Skulpturen wird somit intuitiv als Träger der eingangs beschriebenen Botschaft wahrgenommen. Nur die ständige Auseinandersetzung mit dem Neuen, dem Nachwachsenden, dem kindlichen Element des Lebens ermöglicht es der Gemeinde, man kann auch sagen, der Kirche, durch die Jahre hindurch lebendig zu bleiben und ein menschliches Antlitz zu wahren.

Ich bin der Anfang und das Ende

Vom Ende, das der Anfang war

»Und der auf dem Stuhl saß, sprach: Siehe, ich mache alles neu! Und er spricht zu mir: Schreibe; denn diese Worte sind wahrhaftig und gewiss! Und er sprach zu mir: Es ist geschehen. Ich bin das A und das O, der Anfang und das Ende. Ich will den Durstigen geben von dem Brunnen des lebendigen Wassers umsonst. Wer überwindet, der wird es alles ererben, und ich werde sein Gott sein, und er wird mein Sohn sein.«

Offenbarung des Johannes 21, 5–7 (3)

A und Ω, der erste und der letzte Buchstabe des griechischen Alphabetes, beenden den Weg von Herrnhut nach Großhennersdorf. In der Skulptur schimmert ein wesentlicher Bestandteil des Christlichen Glaubens durch: in jedem Ende – selbst im Tod – liegt immer auch ein Anfang verborgen. So kann man neben den beiden Buchstaben auch das Kreuz als Symbol für Sterben und Auferstehen auf dem Eichenstamm entdecken.

Hier nun hat der Besucher des Skulpturenpfades das Ende der etwa sieben Kilometer langen Strecke erreicht. Und doch ist es eben nicht nur das Ende.

Man sieht dem verfallenden Steinhaufen seine ehemalige Fürstlichkeit nicht mehr an, aber die Ruine, die den eindrucksvollen Hintergrund der letzten Skulpturen gibt, war der einstige Herrschaftssitz der Henriette Katharina Freifrau von Gersdorf, Zinzendorfs Großmutter.

> *»Ich habe meine Prinzipien von ihr her. Wenn sie nicht gewesen wäre, so wäre unsere ganze Sache nicht zustande gekommen. Sie war eine Person, der alles in der Welt anlag, was den Heiland interessierte. Sie wusste keinen Unterschied zwischen der katholischen, lutherischen und reformierten Religion, sondern was Herz hatte und an sie kam, das war ihr Nächster«,*

schrieb Zinzendorf über die alte Dame und an anderer Stelle ergänzte er:

> *»Meine nahe Bekanntschaft mit dem Heilande kommt daher, dass ich zehn Jahre in meiner Großmutter, der Landvögtin von Gersdorf, eigenem Kabinett in Hennersdorf bin erzogen worden. Da habe ich sie mit dem Heiland reden hören über Sachen, die ich freilich nicht alle verstand, habe aber doch daraus geschlossen, dass der gemeinschaftliche Gottesdienst draußen und im Hause nicht alles sei für die Person, bei der ich wohnte, sondern dass sie unendlich mehr allein mit ihrem Herrn zu tun hatte.« (2)*

Und so wurde dieser Steinhaufen, als er noch Schloss war, ein Anfang. Hier lag der Anfang einer pietistischen Biografie, die heute in keinem Kirchenlexikon fehlt. Hier war letztendlich auch der Anfang von Herrnhut und der Anfang einer kleinen Gemeinschaft aktiver Christen, die von da aus in alle Winkel der

Welt gingen und dort bei der Arbeit, im Gebet oder im Gesang die Herzen der Menschen für Jesus Christus gewinnen wollten. Und so, liebe Besucherin, lieber Besucher, lag hier schließlich auch der Anfang des Weges, an dessen Ende Sie nun angekommen sind. Wir hoffen, Sie hatten einen anregenden Spaziergang und sind nicht allzu erschöpft. Vielleicht konnten Sie Neues entdecken, vielleicht wurden Sie auch angeregt, über Altes und Vertrautes neu nachzudenken. Wie dem auch sei, wir danken Ihnen für den Besuch und wünschen Ihnen auf allen Wegen, die vor Ihnen liegen, Gottes Segen.

Matthias Clemens
Knut-Uwe Weise

Angekommen, und nun?

Da der Skulpturenpfad kein Rundweg ist, stellt sich in Großhennersdorf die Frage des Rückweges. Vom Kulturhaus fahren die Busse wochentags stündlich und am Wochenende zweistündlich zurück nach Herrnhut.
Man kann natürlich vor der Wanderung auch am Schloss ein Auto parken, per Taxi zurückfahren, oder, wenn man ganz fit ist, auch zurück wandern.

In Großhennersdorf gibt es neben dem Sportplatz das **Kulturcafé Alte Bäckerei** (www.altebaeckerei.de) inklusive Kino.
Hier kann man vegetarisch essen. Das Café (eher eine Kneipe) öffnet außer sonntags erst 19.00 Uhr, macht aber nach Absprache gerne auch zeitiger auf. Montags ist Ruhetag.

Auf halbem Fahrweg nach Herrnhut zurück liegt die Gaststätte **Eulkretscham** (www.eulkretscham.de) mit eigener Bushaltestelle. Hier lohnt sich ein Stopp für hungrige Wanderer. Nach der Stärkung kann man entweder per Bus weiterfahren oder eine alternative Wanderroute (grüner Schrägbalken) bis Herrnhut zurücklaufen. Der Eulkretscham ist ab 11.00 Uhr geöffnet, Montag ist Ruhetag.

Anhang

1 Um den Ruhm, das älteste Kaffeehaus Deutschlands zu besitzen, streiten sich die Städte Bremen, Hamburg, Regensburg, Frankfurt a. M. und Leipzig. Aber nichts Genaues weiß man nicht …

2 Zitate von Zinzendorf stammen, soweit nicht anders ausgewiesen, von Peter Zimmerling »Nikolaus Ludwig Graf von Zinzendorf und die Herrnhuter Brüdergemeine, Geschichte, Spiritualität und Theologie«, 1999 Hänssler-Verlag

3 Alle Bibelzitate sind der Ausgabe der Lutherbibel von 1912 entnommen.

4 Ikonographische Symbole und ihre Herkunft
Petrus; zwei Schlüssel (Mat. 16, 19)
Andreas; Schrägbalkenkreuz (A., Bruder des Petrus, einer der ersten Jünger, nach Legende in Patras / Griechenland an einem Schrägbalkenkreuz gekreuzigt)
Jakobus d. Ä.; Pilger- oder Jakobsmuschel (Sohn des Zebedäus, Bruder des Apostels Johannes, Leiter der ersten christlichen Gemeinde in Jerusalem, unter Herodes Agrippa I. enthauptet, nach Legende wurden seine Gebeine nach Spanien (Santiago de Compostela) überführt und dort um 820 entdeckt, Schutzpatron der Pilger)
Johannes; Kelch und Schlange (Evangelist, Bruder des Jak. d. Ä, nach Legende leerte er in seinem Martyrium einen Giftbecher ohne Schaden zu nehmen, starb hochbetagt eines natürlichen Todes)
Thomas; Speer (nach Legende bis Indien gelangt und dort von einem heidnischen Oberpriester mit einer Lanze durchbohrt)
Jakobus d. J.; Tempelzinnen und Walkerstange (Bruder des Simon Zelotes, nach Legende wurde er von Pharisäern auf die Zinnen des Tempels geführt und sollte dort seinen Glau-

ben widerrufen, er weigerte sich, wurde hinab gestoßen und dort mit einer Walkerstange erschlagen)
Philippus; T-Kreuz und Steine (gelangte nach Legende bis Skythien – heute das Gebiet zwischen Ostrumänien und Westukraine – und wurde dort an einem T-förmigen Kreuz gesteinigt)
Bartholomäus; Messer und eigene abgezogene Haut (nach Legende in Armenien Märtyrertod durch Abziehen der Haut und Enthauptung)
Matthäus; Schreibfeder und Engelsflügel (Evangelist, wahrscheinlich identisch mit Levi Matthäus, dem Zöllner)
Judas Thaddäus; Hellebarde (wirkte mit Simon Zelotes in verschiedenen Ländern, hauptsächlich Persien, nach Legende wahrscheinlich mit einer Hellebarde erschlagen)
Simon Zelotes; Säge (Partner von Judas Thad. nach Legende wahrscheinlich durch Säge hingerichtet, das Martyrium ist nicht belegt)
Judas Ischkariot; Geldbeutel und Silberlinge (Mat. 26, 15)

5 Ichthys Fisch: Eines der ältesten Christussymbole, seit dem 2. Jh. belegt. Wahrscheinlich entstand es in den Zeiten der ersten Christenverfolgungen als Geheimzeichen. Es wurde als Akrostichon für das griechische Wort »Ichthys« (Fisch) verwendet und stand für Iesous Christos Theou Hyios Soter (Jesus Christus Gottes Sohn [und] Erlöser)

6 Kontakt Forstverwaltung 0170 7990460
oder ebu.forst@t-online.de

7 Im Augsburger Religionsfrieden von 1555 wurden zunächst nur die römisch-katholische und die lutherische Konfession als Glieder der Christlichen Kirche im Abendland anerkannt. Damit wurde die kirchliche Spaltung Europas besiegelt. Die zahlreichen Ausnahmebestimmungen und Nebenklauseln ließen den Frieden jedoch nur von kurzer Dauer sein und trugen entscheidend zu den Ursachen des Dreißigjährigen

Krieges bei. Als dieser dann 1648 mit dem Westfälischen Frieden endete, wurden die Bestimmungen des Augsburger Religionsfriedens anerkannt, aber in einigen Punkten geändert. Eine der wichtigsten Änderungen war dabei die Anerkennung der Calvinistischen Glaubensrichtung als dritte christliche Konfession.

8 N. L. v. Zinzendorf »Theologische Bedenken«
1742, Büdingen

9 »Darnach goß er Wasser in ein Becken, hob an, den Jüngern die Füße zu waschen, und trocknete sie mit dem Schurz, damit er umgürtet war. Da kam er zu Simon Petrus; und der sprach zu ihm: HERR, sollst du mir meine Füße waschen? Jesus antwortete und sprach zu ihm: Was ich tue, das weißt du jetzt nicht; du wirst es aber hernach erfahren. Da sprach Petrus zu ihm: Nimmermehr sollst du meine Füße waschen! Jesus antwortete ihm: Werde ich dich nicht waschen, so hast du kein Teil mit mir. So spricht zu ihm Simon Petrus: HERR, nicht die Füße allein, sondern auch die Hände und das Haupt! Spricht Jesus zu ihm: Wer gewaschen ist, bedarf nichts denn die Füße waschen, sondern er ist ganz rein. Und ihr seid rein, aber nicht alle. (Denn er wusste seinen Verräter wohl; darum sprach er: Ihr seid nicht alle rein.) Da er nun ihre Füße gewaschen hatte, nahm er wieder seine Kleider und setzte sich wieder nieder und sprach abermals zu ihnen: Wisset ihr, was ich euch getan habe?
Ihr heißet mich Meister und HERR und saget recht daran, denn ich bin es auch. So nun ich, euer HERR und Meister, euch die Füße gewaschen habe, so sollt ihr auch euch untereinander die Füße waschen. Ein Beispiel habe ich euch gegeben, daß ihr tut, wie ich euch getan habe. Wahrlich, wahrlich ich sage euch: Der Knecht ist nicht größer denn sein Herr, noch der Apostel größer denn der ihn gesandt hat. So ihr solches wisset, selig seid ihr, so ihr's tut.«

Johannes 13, 5 ff. (3)

Entstehung des Skulpturenpfades

Das Projekt Skulpturenpfad wurde vom Verein der Freunde und Förderer kreativer Künste, VFFkK e. V., in Löbau unter der Leitung von Dr. Klaus Werner realisiert. Er und der Theologe Peter Bentzien, der zu diesem Zeitpunkt für die Vorbereitung der Jubiläumsfeierlichkeiten verantwortlich war, sind die Initiatoren dieser Idee gewesen.
Die Umsetzung erfolgt in enger Zusammenarbeit mit dem Arbeitsamt Löbau, dem Beratungsunternehmen werner+team aus Zittau, welches auch die Projektleitung und die künstlerische Leitung organisierte und der Forstverwaltung der Brüder-Unität. Über die Bundesanstalt für Arbeit wurden 15 Stellen einer Arbeitsbeschaffungsmaßnahmen (ABM) finanziert, der Europäische Sozialfond erstattete den Bildungsanteil. Leiterin des Projektes war Karin Werner.
Am Beginn der Maßnahme stand eine umfassende Ausbildung zu den inhaltlichen Schwerpunkten, um den überwiegend konfessionslosen Projektteilnehmern Grundinformationen zum christlichen Glauben, zu Zinzendorf und der Herrnhuter Brüdergemeine zu vermitteln. Diese wurde durch die Evangelischen Brüder-Unität sichergestellt. Parallel dazu erfolgte Schulung und Training der Beschäftigten im künstlerischen Bereich, denn es sollte möglichst Kunst entstehen und kein Kitsch. Diese Ausbildung sowie die Erarbeitung der Entwürfe und deren Umsetzung erfolgte unter der künstlerischen Leitung von Knut-Uwe Weise.
Nach Auslaufen der geförderten Maßnahmen wurden in den Folgejahren noch die Skulpturen »Mission« und »A und O« realisiert. Erbaut wurden diese durch Herrn Andreas Kanzler in Zusammenarbeit mit der Forstverwaltung der Brüder-Unität und mit der Unterstützung von Sponsoren. Seit Herbst 2012 ist mit der Skulptur »Arbeitsethos« der Skulpturenpfad fertig gestellt. Der Entwurf wurde von der Firma Natursteine Hantusch in Sohland umgesetzt.

Beteiligte

Karin Hennig, Elke Hille, Reiner Israel, Andreas Kanzler, Uwe Koser, Monika Micko, Achim Melcher, Andreas Neu, Christel Ossmann, Siegmar Priebs, Michael Przybilla, Daniela Reiche, Eberhard Schröder, Reimund Schubach, Jozef Teubner, Regine Wagner

Sonstige Mitarbeiter

Die fachliche Beratung zu allen theologischen Fragen sowie zu Geschichte und Gegenwart der Evangelischen Brüder-Unität erfolgte durch Pfarrer Peter Bentzien, Pfarrerin Christine Pietsch, Pfarrer Martin Theile, Pfarrer Hans Reeb und den Bischof der Evangelischen Brüder-Unität Theodor Gill.
Die Texte für die Wortskulpturen BE TEIL IGT und WIRK LICH KEIT sind von Andreas Neu verfasst.

Paten gesucht

Ohne die Mithilfe vieler Sponsoren wäre die Verwirklichung des Skulpturenpfades in der jetzigen Form nicht möglich gewesen. Für die Skulpturen ABENDMAHL, EMPFANGE, EREMIT und ICH BIN DER WEG konnten schon Paten gefunden werden. Um auch die anderen Skulpturen dauerhaft zu erhalten bzw. gegebenenfalls auch erneuern zu können, suchen wir weitere Firmen, Vereine oder Privatpersonen, die bereit sind, eine Patenschaft zu übernehmen. Nähere Informationen dazu erteilt gerne Herr Matthias Clemens, Revierleiter der Forstverwaltung der Brüder-Unität, Löbauer Straße 46 in 02747 Herrnhut, Telefon und Fax 035873 2900, Funk 0170 7990460 oder E-Mail: ebu.forst@t-online.de.

Und noch etwas Sehenswertes zum Schluss

Weitergehende Informationen zur Herrnhuter Brüdergemeine und dem Ort Herrnhut erhalten Sie in folgenden drei Ausstellungen:

Die **Ausstellung zur Geschichte und Gegenwart der Brüder-Unität** befindet sich derzeit im Südflügel des Kirchensaales. Der historische Teil spannt den Bogen von der Entstehung der Alten Brüder-Unität aus der Zeit des tschechischen Reformers Jan Hus über Johann Amos Comenius bis zur Gründung der Erneuerten Brüder-Unität im 18. Jahrhundert. Die Ausstellung informiert zur Entstehungsgeschichte des Ortes Herrnhut, der Losungen, der weltweiten Missionsarbeit der Brüdergemeine, über den Reichsgrafen Nikolaus Ludwig von Zinzendorf, die Rolle der Frauen in der Brüdergemeine und vieles mehr.

Zinzendorfplatz, im Kirchgebäude
Telefon der Gästearbeit der Brüder-Unität
0172 4412306 oder 035873 30677
gaestearbeit@bruedergemeine-herrnhut.de
www.herrnhuter.de
Mo.–Fr. 9.00–15.00 Uhr
Sa. 14.00–16.00 Uhr
So. nach den Versammlungen im Kirchsaal
Besuche außerhalb der angegebenen Öffnungszeiten sind nach Absprache möglich.

Das **Heimatmuseum** der Stadt Herrnhut ist ein Kleinod in der regionalen Museumslandschaft. Bilder und Dokumente präsentieren einen Einblick in die Entwicklung des Ortes Herrnhut, die bis in die Gegenwart eng mit der Geschichte der Brüdergemeine verbunden ist. Herrnhuter Wohn- und Alltagskultur wird mit großer Liebe zum Detail und hoher historischer Sachkenntnis präsentiert. Banales und zahlreiche Raritäten stehen gekonnt nebeneinander. Eine Bereicherung sind neben der Dauerausstellung die ständig wechselnden Sonderschauen. Auch ein Blick aus den Museumsfenstern in den barocken Garten ist lohnenswert.

Comeniusstraße 6, 02747 Herrnhut
Telefon 035873 30733
tourismus@herrnhut.de
www.herrnhut.de

Di.–Fr.	9.00–17.00 Uhr
Sa., So., Feiertag	10.00–12.00 Uhr
	13.00–17.00 Uhr

Einen weiten Blick über Herrnhut hinaus erhalten Besucher des **Völkerkundemuseums.** Im Jahre 1732 begann von Herrnhut aus die Missionstätigkeit der Evangelischen Brüder-Unität. Von Missionaren gesammelte Kulturzeugnisse gelangten im Laufe der Jahre nach Herrnhut, wo sie in einem 1878 gegründeten Museum gesammelt, bewahrt und bis heute ausgestellt werden. In der gegenwärtigen Dauerausstellung werden sowohl die völkerkundlichen Leistungen einiger Missionarspersönlichkeiten als auch die historischen Kulturen verschiedener Völker vorgestellt. Auch hier sorgt eine ständig wechselnde Sonderausstellung für einen immer wieder lohnenden Besuch.

Goethestraße 1, 02747 Herrnhut
Telefon 035873 2403
vmh@skd.museum.de
www.voelkerkunde-herrnhut.de

Di.–Fr.	9.00–17.00 Uhr
Sa., So., Feiertag	10.00–12.00 Uhr
	13.30–17.00 Uhr

Impressum
2. Auflage März 2015
ISBN 978-3-9807197-1-1
Herausgeber: Comenius-Buchhandlung GmbH
Satz und Druck: Gustav Winter, Druckerei und Verlagsgesellschaft mbH, Herrnhut
Fotos: M. Clemens, A. Kanzler, K.-U. Weise · **Grafiken/Zeichnungen:** Knut-Uwe Weise